NTC Language Masters

for Beginning SPANISH Students

Robert Patnicroft with Clare Cooke

National Textbook Company

NTC a division of *NTC Publishing Group* • Lincolnwood, Illinois USA

This edition first published 1996 by National Textbook Company,
a division of NTC Publishing Group,
4255 W. Touhy Avenue, Lincolnwood (Chicago), Illinois U.S.A. 60646-1975.
© 1994 Language Centre Publications Ltd.

5 6 7 8 9 VP 0 9 8 7 6 5 4 3 2 1

TABLE OF CONTENTS

TEACHER'S NOTES

NTC Language Masters for Beginning Spanish Students provides activities on photocopiable worksheets that can be used for students in the early stages of language learning to introduce and reinforce basic vocabulary across a range of topics. Even more advanced students will enjoy the worksheets as they review previously introduced vocabulary.

The topics, which are independent of one another, can be used in any order and adapted for use in any type of teaching/learning context. As far as possible, the activities are self-explanatory and the directions short. Instructions, where they appear, are in the target language. You may want to add extra instructions before copying or explain the sheet verbally where necessary.

Topic Setup

Within each of the eight topics, a similar format has been used, providing a certain amount of progression from the first sheet to the last. Most topics have six activity sheets. Here is the setup and progression for each topic:

1st Sheet:
- Provides a visual presentation of vocabulary that students can use for reference as they work on later sheets.
- Labels can be blocked out before copying to test vocabulary.
- Sheet can be enlarged and colored by students to make posters.

2nd Sheet:
- Generally a game sheet. It can be used for picture/word matching activities, including simple ones in which students write numbers or letters to match words and pictures.
- Sheet can be copied on heavy paper, cut up, and used in various kinds of matching games, such as Concentration-type games or games in which students need to make some kind of association between items.
- Sheet can be copied on heavy paper to make dominoes.
- It can be used for card games such as Fish.
- Sheet can be used for various other speaking activities, picture dictation, stimulus for role play, and question-and-answer activities.

3rd/4th Sheets: Provide a range of activities based on matching pictures and words; often the words are complete, but in some cases, students put together or unscramble words. This helps with reading and recognition, and reinforces spelling. Students could complete the sheets either from memory or by looking at the first sheet for reference.

5th/6th Sheets: The words to be practiced no longer appear on the sheet. Other language often appears on the sheets. The activities require students to complete them from memory (although the first sheet for each topic, with the words, could be referred to at any time by those who need it). The activities rely more on language clues rather than visual clues, but there is still a puzzle element involved.

Suggestions for Use

- Photocopy the first sheet for each topic or the second sheet (*Las Cartas*) onto a transparency for whole class presentation and vocabulary practice.
- Photocopy the first sheet for each topic onto heavy paper (in a different color) so that students can see where to go for help when and if they need it.

- Use for independent work or reinforcement of vocabulary while the class is working on a topic.
- Use for end-of-class or fill-in activities.
- Have students keep a personal record of the sheets they have completed.
- Use sheets for review, homework, or fill-in lessons.

Specific directions for sheets are given below.

EN MI CARTERA

SHEET 3   Although this sheet introduces *mi* and *mis,* the students only have to recognize the item of vocabulary and draw it in the appropriate box. They might write out a sentence about each one, e.g., *Mi calculadora es nueva.*

    The grid at the bottom can be used for this and any other topic in the pack. It can be used in a variety of ways: Students can fill in the empty squares with pictures of words from a particular topic. Working in pairs, through question and answer, they then can attempt to discover the items their partner has chosen. For example, STUDENT A: *"B1, ¿es un bolígrafo?"* STUDENT B: *"No, no es un bolígrafo."* If the answer is yes, then A can have a second attempt; if not, it is B's turn. As in the game "Battleships," the winner is the first person who correctly guesses all items and locations. The game can be limited and made easier by providing a list of the items to be used, or by blocking out some of the squares before copying.

SHEET 4   Each sentence gives a clue to a letter; the letters spell out a mystery object. Students may then make up their own *¿Qué soy?*

SHEET 5   By spelling out *un cortalápiz,* students can begin to fill in the letters represented by the symbols. From these, they can then go on to figure out what they are being asked to draw for the other coded words. Gradually they can fill in all the letters at the bottom of the sheet.

SHEET 6   Crossword. *Libro* is the extra word.

¡ME GUSTAN LOS ANIMALES!

SHEET 10   Students mark all the animal names found inside the pictures, or copy out the lists. The word *caracol* is introduced with the picture. Students can then fill in their own words and make their own word chain.

SHEET 12   Anagrams on food bowls are to be joined to the correct animal.

SHEET 13   Students complete the notes by adding the names of the pets pictured. They might use the notes as models to write their own.

EN LA CIUDAD

SHEET 16   Starting from the square labeled school (*colegio*), the symbol in that square identifies the place to be moved to next (in this case, to the *cafetería*). At any time, students can move only to a square that touches the one they are on. Students fill in the places visited on the grid below.

SHEET 17   Students look at the first plan and then the second to see which places have changed. Students then check off these places on the grid. Plans could also be used by students in pair tasks: some items could be blocked out before copying and then used for information gap activities, e.g., *La oficina de turismo está entre. . . .* At the bottom, students find one word in each grid.

SHEET 18   Students fill in the missing vowels to complete the sign posts. Students in pairs could then give each other one letter at a time for the other to guess the destination.

SHEET 19   Multiple choice answers to complete the sentences. For the second task, students could complete the sentences and then make up some nonsense possibilities, either using language on the page or adding their own.

LOS DEPORTES

SHEET 22   Students match the three pictures given to the four words to find the word that doesn't belong. New vocabulary: *el golf, el bádminton, el boxeo,* and *el karate.* Second activity: Pictures give a clue to the category. Students find the word that doesn't belong.

SHEET 23   Students read the sentence and match it to the sport.

SHEET 25   Students identify the picture extract to name the sport. More advanced students could write a sentence about the sport, giving their opinions, etc.

¡QUÉ RICO!

SHEET 28   Anagrams for foods in a café. Students complete the bill from the words at the top of the sheet.

SHEET 29   Students figure out picture clues to complete the grid. They can write their results in sentences, e.g., *Hay tres bocadillos.*

SHEET 30   Students plan their own party and make up a menu for food and drink.

SHEET 31   A lot of new vocabulary is used here. The activity may only be accessible to more advanced students who have a Spanish dictionary available.

LOS COLORES

SHEET 34   Students follow the arrows through the grid to complete the sentences. From the object, they move to the correct color. The arrow points to the next object. Some explanation of *¡Mala suerte!* and *¡Aquí no!* may be needed.

SHEET 35   Students find the color that doesn't belong.

SHEET 36   Anagrams in which the picture is not always a clue to the correct color.

SHEET 37   Three new words—*círculo, triángulo,* and *cuadrado*—are introduced. Concept of "s" or "es" plural for colors. The sheet can be cut in half and plurals covered in more depth if necessary.

MI FAMILIA

SHEET 41   Listing words can be done from memory or from sheet 38. There is no need to add the names. Students can then write sentences about their own family from these models.

SHEET 42   From the words given, students begin to crack the code, and with reference to the names of family members on sheet 38, they can complete the other words and discover the name of the dog.

SHEET 43   Includes words for dog, rabbit, and television. Students might write a letter in reply.

EN CASA

SHEET 46   Students match up two halves of words in the windows, from memory or with sheet 44.

SHEET 47   First activity: Students connect simple sentences to the rooms in the house. Second activity: Students unravel word boxes to find things in the house.

SHEET 48   Students identify mystery objects from the large picture and write which room they come from. More advanced students could then add further information about the room.

SHEET 49   Students could draw the house and add their own information to change some of the details, or write about their own house or a fantasy house.

ANSWERS

EN MI CARTERA

Hoja de actividades 3 He olvidado
(Pictures of) bolígrafo, goma, libro, cola, cartera, lápiz, cuaderno, rotuladores, compás.

Hoja de actividades 4 ¿Qué soy?
Lapicero.

Hoja de actividades 5 ¿Qué es esto?
una cartera, un compás, una regla, unas tijeras.

Hoja de actividades 5 ¿Qué letra es?
B, J, A, C, E, L, U, N, G, O, M, Z, T, S, P, I, R.

Hoja de actividades 6 Crucigrama
Horizontales: 1. compás 2. cartera 3. tijeras 4. calculadora 5. lápiz 6. bolígrafo 7. lapicero.
Verticales: 1. cuaderno 2. rotuladores 3. cortalápiz 4. cola 5. goma 6. regla. ¿Y qué más? libro.

¡ME GUSTAN LOS ANIMALES!

Hoja de actividades 10 ¡Busca los animales!
(Spider's web) conejillo de Indias, culebra, tortuga, caballo, conejo, pez, loro, oveja, araña. (Snake) conejo, gato, tortuga, perro, caballo, pez, vaca, ratón, culebra.

Hoja de actividades 11 Sopa de letras
vaca, pez, tortuga, ratón, araña, loro, cerdo, conejo, oveja, caballo. (There are other Spanish words, not necessarily animals, to be found also.)

Hoja de actividades 12 ¿Para quién es?
culebra, tortuga, perro, pez, ratón, loro, conejo, caballo, cerdo.

Hoja de actividades 13 En casa
un conejo, una araña, (una) culebra, (dos) gatos, un pez, una tortuga, un ratón (y) un caballo.

Hoja de actividades 13 Crucigrama
Horizontales: gato, cerdo, perro, culebra, caballo. *Verticales:* tortuga, oveja, araña, conejo.

EN LA CIUDAD

Hoja de actividades 16 Voy a casa
1. colegio 2. cafetería 3. cine 4. iglesia 5. museo 6. banco 7. estación 8. correos 9. oficina de turismo 10. piscina 11. comisaría 12. polideportivo 13. ayuntamiento 14. supermercado 15. aparcamiento 16. ¡Aquí vivo yo!

Hoja de actividades 17 Planos de la ciudad
el colegio, la piscina, el cine, la comisaría, correos.

Hoja de actividades 17
A. la piscina B. el mercado C. la iglesia D. el colegio.

Hoja de actividades 18 ¿Adónde vas?
comisaría, cine, oficina de turismo, polideportivo, supermercado, correos, colegio, museo, piscina, ayuntamiento.

Hoja de actividades 18   Sopa de letras
ayuntamiento, cafetería, museo, colegio, mercado, aparcamiento, iglesia, parque, banco, correos, piscina, cine, comisaría.
Hoja de actividades 19   En la ciudad
1. al mercado 2. al polideportivo 3. a correos 4. al museo 5. a la estación.
Hoja de actividades 19   Quisiera... Me hace falta...
un cine, un banco, una oficina de turismo, una piscina, una cafetería.

LOS DEPORTES

Hoja de actividades 22   ¡Busca la palabra intrusa!
el baile, el footing, la natación, el golf, el ciclismo, el tenis.
la equitación, el footing, el ciclismo, el esquí, la natación.
Hoja de actividades 23   El concurso
1. el tenis 2. el voleibol 3. la vela 4. el baloncesto 5. el ciclismo 6. el esquí 7. el baile 8. el judo 9. la equitación 10. la natación.
Hoja de actividades 24   ¡Busca los deportes!
baile, ciclismo, esquí, footing, fútbol, judo, natación, piragüismo, tenis, vela, voleibol
...¿Y tres más? baloncesto, equitación, gimnasia.
Hoja de actividades 25   ¿Qué deporte es?
el voleibol, el baloncesto, la natación, la vela, el judo, el esquí, el piragüismo, el footing, el fútbol, el tenis.

¡QUÉ RICO!

Hoja de actividades 28   ¿Cuánto es?
el pollo, el bocadillo, la tortilla, la limonada, la hamburguesa, el pescado, la manzana, la leche, las patatas fritas, el helado, la coca cola.
Hoja de actividades 28   La cuenta
las patatas fritas - 140 ptas., la leche - 75 ptas., la coca cola - 80 ptas., 2 x hamburguesas - 440 ptas., la manzana - 85 ptas., el helado - 110 ptas. Total 930 ptas.
Hoja de actividades 29   ¡He comido...!
3 bocadillos, 4 hamburguesas, 2 coca colas, 3 pollos, 2 manzanas, 4 barras de pan, 3 helados, 2 quesos, 2 tortillas, 1 patatas fritas.
Hoja de actividades 30   Una fiesta
Para comer: cacahuetes, pan, manzana, queso, hamburguesa, helado.
Para beber: coca cola, agua mineral, limonada, leche.
Hoja de actividades 31   A elegir
1. **C** del cerdo 2. **A** rojas 3. **A** los cacahuetes 4. **A** frutas y azúcar 5. **B** un queso 6. **C** de España 7. **A** crema 8. **B** frutas 9. **B** patatas fritas 10. **A** carne.

LOS COLORES

Hoja de actividades 34   ¿De qué color es la pelota?
1. azul 2. amarillo 3. marrón 4. gris 5. (color de) rosa 6. (color de) naranja 7. rojo
Y la pelota es gris.
Hoja de actividades 35   ¡Busca la palabra intrusa!
azul, gris, negro, verde, azul, naranja, rosa, gris

Hoja de actividades 36   ¡Colores fantásticos!

¡Mariposas raras! 1. verde 2. azul 3. rojo 4. plata 5. negro.

¿De qué color es? 1. blanco 2. verde 3. naranja 4. azul 5. rosa.

Frutas exóticas. 1. naranja 2. plata 3. violeta 4. negro 5. rojo.

Hoja de actividades 37   ¿De qué color soy?

Soy una naranja. *¿De qué color soy?* (Color de) naranja.

MI FAMILIA

Hoja de actividades 40   Sopa de letras

abuela, abuelo, hermana, hermanastra, hermano, hijo único, madrastra, madre, padre, padres, prima, primo, tres tíos, tres tías.

Hoja de actividades 41   ¡Rellena las casillas!

Los padres: 1. el padre 2. la madre.

Los abuelos: 1. el abuelo 2. la abuela.

La familia: 1. el hermanastro 2. el hermano 3. yo 4. la hermana.

La familia de la hermana de mi padre: 1. el tío 2. la tía 3. el primo 4. la prima.

Hoja de actividades 41   ¿Quién es?

1. Gregorio es mi abuelo. 2. Estrella es mi prima. 3. Cayetano es mi tío. 4. Mónica es mi madre. 5. Andrés es mi hermanastro. 6. María es mi hermana.

Hoja de actividades 42   Mi familia

1. el hermano 2. la madre 3. la tía 4. el padre 5. el hermanastro 6. el abuelo 7. la prima 8. la hermana 9. el tío 10. la madrastra.

Y el perro, ¿cómo se llama? Víctor.

Hoja de actividades 42   ¿Qué letra es?

B, H, A, C, E, L, U, N, D, O, M, Z, T, S, P, I, R, F, V.

Hoja de actividades 43   Una carta

familia, familia, hermano, hermana, padre, madre, abuelo, abuela, perro, conejo, televisión.

EN CASA

Hoja de actividades 46   ¿Qué cuarto es?

dormitorio, comedor, cocina, desván, salón, escalera, sótano, casa.

Hoja de actividades 47   ¿Dónde estoy?

1. el salón 2. el comedor 3. el dormitorio 4. el sótano 5. la cocina 6. el cuarto de baño 7. la escalera 8. el jardín.

Hoja de actividades 47   ¿Dónde está?

A 1. sótano 2. dormitorio **B** 1. escalera 2. comedor **C** 1. cuarto de baño 2. casa.

Hoja de actividades 48   ¿Dónde está?

1. Es el dormitorio. 2. Es el salón. 3. Es el comedor. 4. Es la cocina. 5. Es el cuarto de baño. 6. Es la ventana. 7. Es la escalera. 8. Es el sótano. 9. Es la puerta. 10. Es el jardín.

Hoja de actividades 49   Una carta

casa, jardín, puerta, salón, comedor, cocina, ventana, escalera, dormitorios, cuarto de baño, desván, ratones, sótano, vino.

NOMBRE_____

EN MI CARTERA

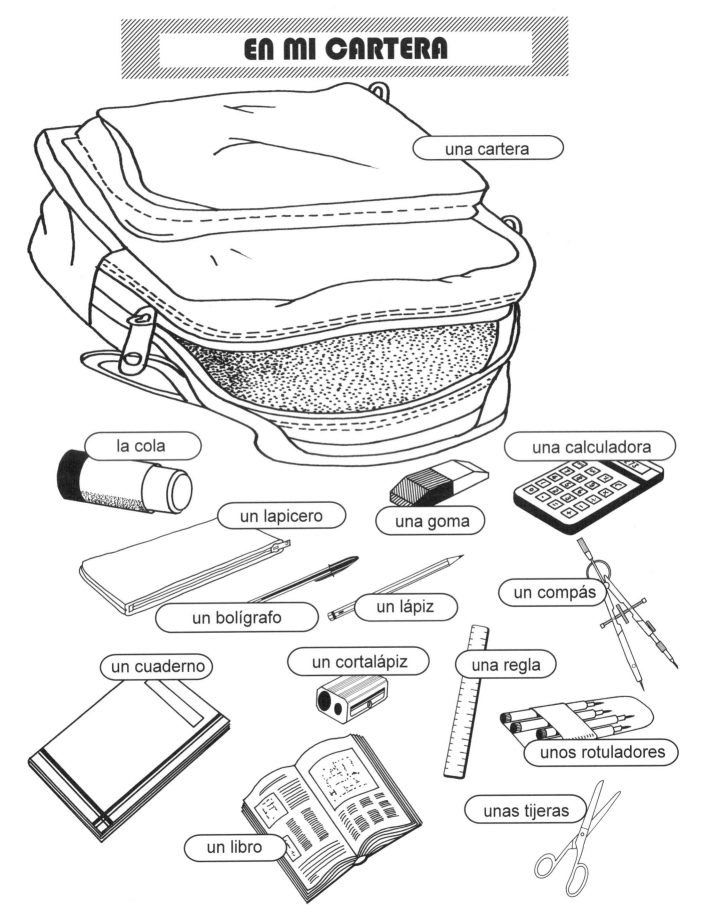

una cartera

la cola

una calculadora

un lapicero

una goma

un compás

un bolígrafo

un lápiz

un cuaderno

un cortalápiz

una regla

unos rotuladores

unas tijeras

un libro

NOMBRE_____

LAS CARTAS

un lapicero		una cartera	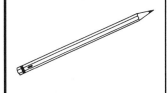
un cuaderno		un lápiz	
un libro		una goma	
una regla		una calculadora	
un cortalápiz		unos rotuladores	
un compás		unas tijeras	
la cola	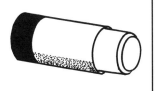	un bolígrafo	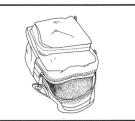

HE OLVIDADO

mi bolígrafo	mi regla	mi calculadora	mi goma
mi libro	mi cortalápiz	mi cola	mi cartera
mi lápiz	mi cuaderno	mis rotuladores	mi compás

	A	B	C	D
1				
2				
3				

¿QUÉ SOY?

Mi primera está en cola y en colegio.

Mi segunda está en regla y en rotulador.

Mi tercera está en lápiz y en cortalápiz.

Mi cuarta está en libro y en bolígrafo.

Mi quinta está en compás y en calculadora.

Mi sexta y mi séptima están en tijeras y en cartera.

Mi octava está en goma y en cuaderno.

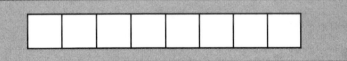

¡Ahora, te toca a ti!

**Escribe tu propio
"¿Qué soy?"**

¡Abre tu cartera!

**¡Escribe una lista
de lo que ves!**

NOMBRE_____

¿QUÉ ES ESTO?

Dibuja ....

U N L I B R O

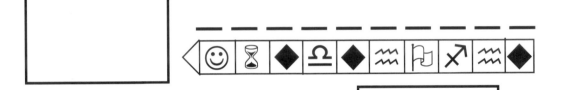

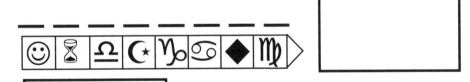

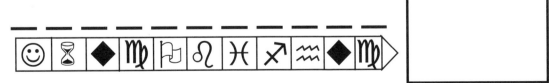

¿Qué letra es?

■	♓	◆	♎	↗	✹	☺	⌛	☸	☪	♑	&	🏳	♍	♋	♌	♒
							N									

NOMBRE_____

CRUCIGRAMA

Horizontales

1

2

3

4

5

6

7

Verticales

1

2

3

4

5

6

¿Y qué más?

NOMBRE_____

¡ME GUSTAN LOS ANIMALES!

un gato

una culebra

un loro

una araña

un conejillo de Indias

un perro

un ratón

un pez

un conejo

una tortuga

NOMBRE _____

un gato

un caballo

una oveja

un perro

un cerdo

una vaca

un ratón

LAS CARTAS

una oveja		un pez	
un gato		una vaca	
un caballo		un cerdo	
una tortuga		un perro	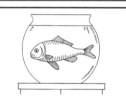
una araña		un conejillo de Indias	
un ratón		un conejo	
un loro		una culebra	

NOMBRE_____

¡ BUSCA LOS ANIMALES!

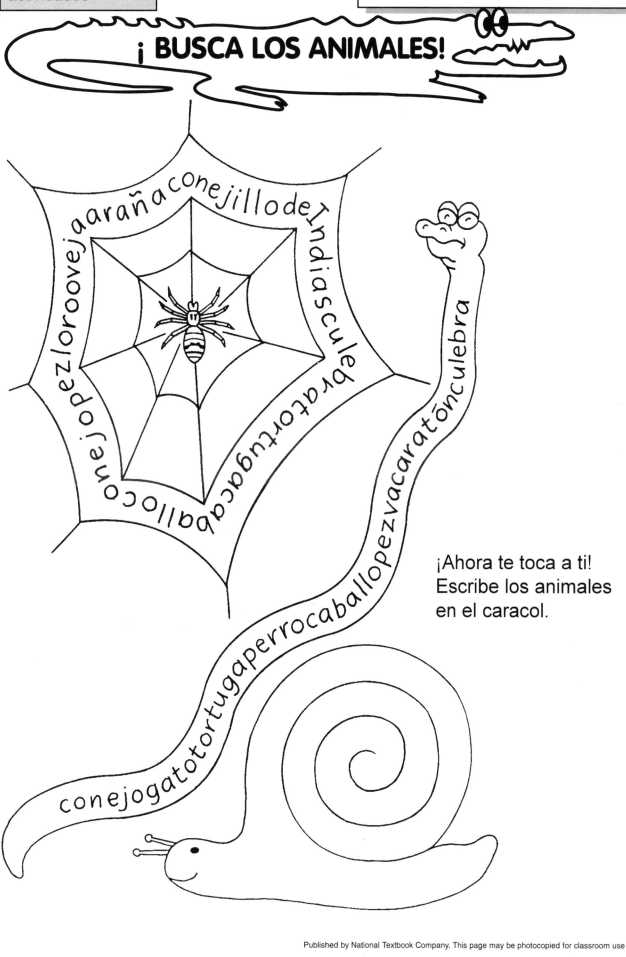

conejopezlorooveja**a**arañaconejillodeIndiasculebratortugacaballoconejopezlorooveja...

conejogatotortugaperrocaballopezvacaratónculebra

¡Ahora te toca a ti!
Escribe los animales
en el caracol.

NOMBRE_____

SOPA DE LETRAS

C	E	R	B	O	V	E	J	A	R
H	E	N	A	T	O	R	O	L	A
E	D	R	A	G	U	T	R	O	T
O	I	A	D	P	A	R	A	Ñ	O
L	O	T	Z	O	R	R	E	P	O
L	L	I	S	S	J	A	Z	J	A
A	R	A	T	O	N	T	E	V	Ñ
B	U	Ñ	U	E	L	N	A	P	A
A	D	R	E	C	O	C	H	E	R
C	I	T	A	C	A	B	E	Z	A

NOMBRE_____

¿PARA QUIÉN ES?

relbacu

aguttor

repor

zpe

natór

rool

ejonoc

lla
co
ba

droce

EN CASA

Buenos días, me llamo Anita y en casa tengo

_____

_____ .

¡Hola! Me llamo Jaime y tengo

_____

_____ .

Buenos días, me llamo Pedro. Tengo una

_____ .

¡Hola! Me llamo Silvia. Me gustan los animales y tengo dos _____

_____ .

Buenos días, me llamo José y tengo

_____

_____ .

¡Hola! Me llamo Inés y tengo

_____ ,

_____

y _____ .

Crucigrama

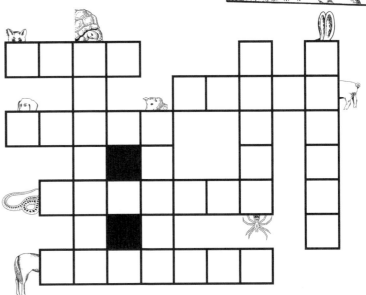

EN LA CIUDAD

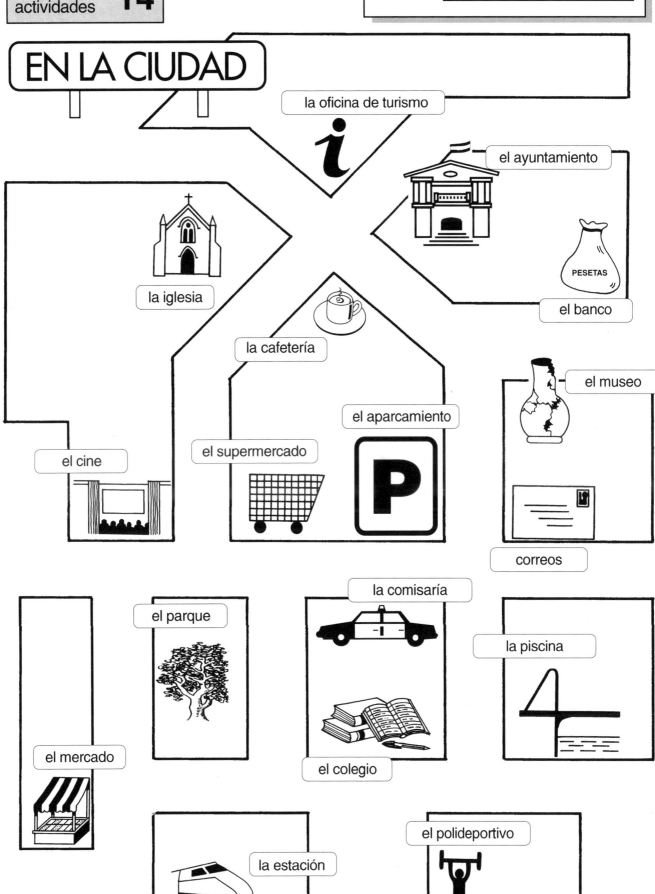

la oficina de turismo

el ayuntamiento

la iglesia

el banco

la cafetería

el museo

el aparcamiento

el cine

el supermercado

correos

la comisaría

el parque

la piscina

el mercado

el colegio

el polideportivo

la estación

*NOMBRE*_____

LAS CARTAS

	el supermercado		el colegio
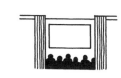	la piscina		la cafetería
	la estación		el ayuntamiento
	correos		la oficina de turismo
	la iglesia		el museo
	el cine		la comisaría
	el banco		el polideportivo
	el aparcamiento		el mercado

NOMBRE_____

VOY A CASA

Empieza en el colegio.	**parque**	**cafetería**	**oficina de turismo**	**¿Estás perdido?**
correos	**colegio**	**piscina**	**cine**	**correos**
estación	**comisaría**	**iglesia**	**museo**	**estación**
polideportivo	**banco**	**supermercado**	**parque**	**banco**
museo	**ayuntamiento**	**piscina**	**aparcamiento**	*¡AQUÍ VIVO YO!*

Describe aquí tu viaje a casa.

1	2	3	4
5	6	7	8
9	10	11	12
13	14	15	16

NOMBRE_____

PLANOS DE LA CIUDAD

¡Mira aquí ....

... y luego aquí!

¡Mira aquí!

 _ _ _ _ _ _ _ ha cambiado ✓

el banco	
el mercado	
correos	
la cafetería	
la comisaría	
el cine	
la oficina de turismo	
la piscina	
el museo	
el colegio	

A.

A	N	I
A	L	C
P	I	S

B.

A	D	E
C	O	L
R	E	M

C.

A	A	I
I	L	G
S	E	L

D.

L	O	C
E	E	L
G	I	O

_____ _____ _____ _____

NOMBRE_____

¿ADÓNDE VAS?

c _ m _ s _ r _ _

c _ n _

_ f _ c _ n _   d _
t _ r _ sm _

p _ l _ d _ p _ rt _ v _

c _ rr _ _ s

s _ p _ rm _ rc _ d _

c _ l _ g _ _

m _ s _ _

p _ sc _ n _

_ y _ nt _ m _ _ nt _

Sopa de letras

Busca las trece palabras escondidas

¡Escribe la lista!

O	T	N	E	I	M	A	T	N	U	Y	A
T	C	R	C	A	F	E	T	E	R	I	A
N	Y	O	B	Q	U	I	E	C	H	U	B
E	A	Z	R	U	M	N	A	U	D	A	A
I	C	N	N	R	I	T	A	C	I	O	N
M	I	E	I	C	E	P	N	R	F	A	C
A	G	U	C	C	T	O	A	O	C	H	O
C	L	Q	U	E	S	S	S	C	A	F	E
R	E	R	Z	O	I	I	O	E	S	U	M
A	S	A	T	M	G	A	P	O	L	I	D
P	I	P	O	L	O	I	G	E	L	O	C
A	A	C	A	M	E	R	C	A	D	O	E

_____
_____
_____
_____
_____
_____
_____
_____
_____
_____

EN LA CIUDAD

1. Quiero hacer compras. Voy
    a) a la piscina.
    b) al mercado.
    c) al museo.

2. Para jugar al baloncesto, voy
    a) al supermercado.
    b) a la cafetería.
    c) al polideportivo.

3. Quiero comprar sellos. Voy
    a) a la iglesia.
    b) a la comisaría.
    c) a correos.

4. Me gusta mucho la historia, así voy a menudo
    a) al museo.
    b) al banco.
    c) al hotel.

5. Quiero tomar el tren. Voy
    a) al parque.
    b) a la estación.
    c) al ayuntamiento.

QUISIERA ...

ver una película.

cambiar dinero.

una lista de hoteles.

ir a nadar.

comer y beber algo.

ME HACE FALTA ...

una piscina.

un cine.

un banco.

una cafetería.

una oficina de turismo.

LOS DEPORTES

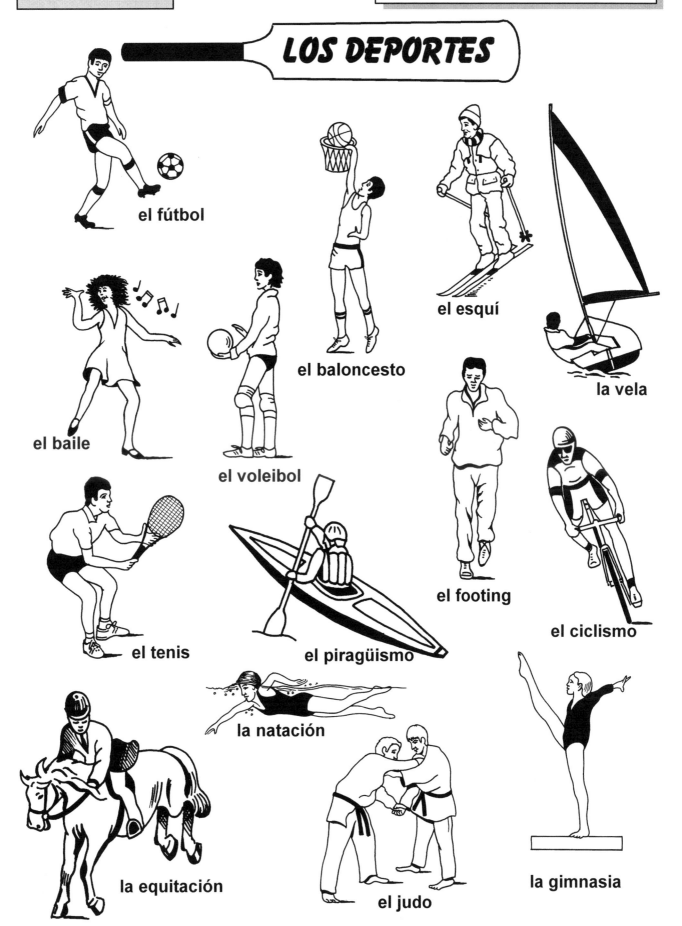

el fútbol

el baloncesto

el esquí

la vela

el baile

el voleibol

el footing

el ciclismo

el tenis

el piragüismo

la natación

la equitación

el judo

la gimnasia

NOMBRE_____

LAS CARTAS

el fútbol 	el baile 
el voleibol 	el tenis 
el baloncesto 	la equitación 
la vela 	la natación 
el ciclismo 	el footing 
la gimnasia 	el judo 
el esquí 	el piragüismo 

NOMBRE_____

¡BUSCA LA PALABRA INTRUSA!

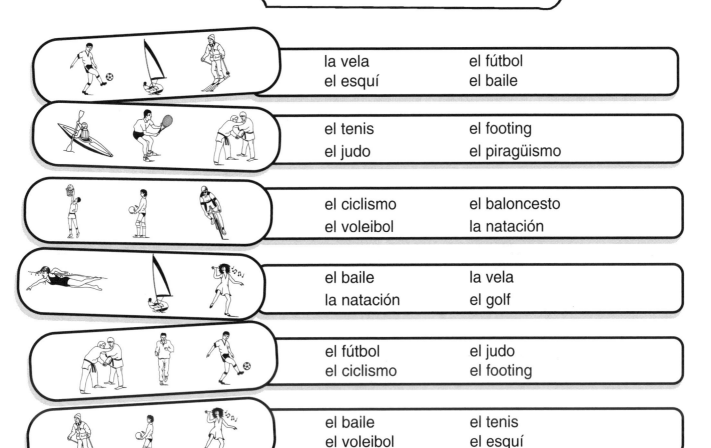

la vela	el fútbol
el esquí	el baile

el tenis	el footing
el judo	el piragüismo

el ciclismo	el baloncesto
el voleibol	la natación

el baile	la vela
la natación	el golf

el fútbol	el judo
el ciclismo	el footing

el baile	el tenis
el voleibol	el esquí

 el fútbol   el voleibol   el golf   la equitación

 el piragüismo   la vela   la natación   el footing

 el tenis   el ciclismo   el bádminton   el squash

 el rugby   el fútbol   el esquí   el baloncesto

 el judo   el boxeo   el karate   la natación

NOMBRE_____

EL CONCURSO

1. Hay un gran campeonato en Wimbledon cada verano.

2. Se juega a menudo en la playa.

3. ¡Tiene que hacer viento para este deporte!

4. Es un deporte para jugadores muy altos.

5. ¡Necesitas una bicicleta para este deporte!

6. Se va a las montañas para hacer este deporte.

7. Haces esto en una discoteca.

8. Es muy popular en España y en el Japón.

9. Si te gustan los animales, este deporte es para ti.

10. Lo practicas en la piscina.

el tenis

el ciclismo

la vela

el baloncesto

la natación

el judo

el voleibol

el baile

la equitación

el esquí

NOMBRE_____

¡BUSCA LOS DEPORTES!

G	O	N	O	I	C	A	T	A	N	F
I	M	I	O	D	U	J	U	G	O	N
M	S	E	T	B	A	I	L	O	L	O
N	I	L	S	L	A	S	T	O	F	I
A	L	A	E	I	T	I	B	S	U	C
S	C	V	T	L	N	T	L	Q	T	A
I	I	A	E	G	U	E	S	E	B	T
A	C	V	D	F	Q	E	T	S	O	I
O	T	S	E	C	N	O	L	A	B	U
A	L	O	B	I	E	L	O	V	P	Q
P	I	R	A	G	U	I	S	M	O	E

¡Mira los dibujos!

... ¿Y tres más? _____ _____ _____

NOMBRE_____

¿QUÉ DEPORTE ES?

1 _____

2 _____

3 _____

4 _____

5 _____

6 _____

7 _____

8 _____

9 _____

10 _____

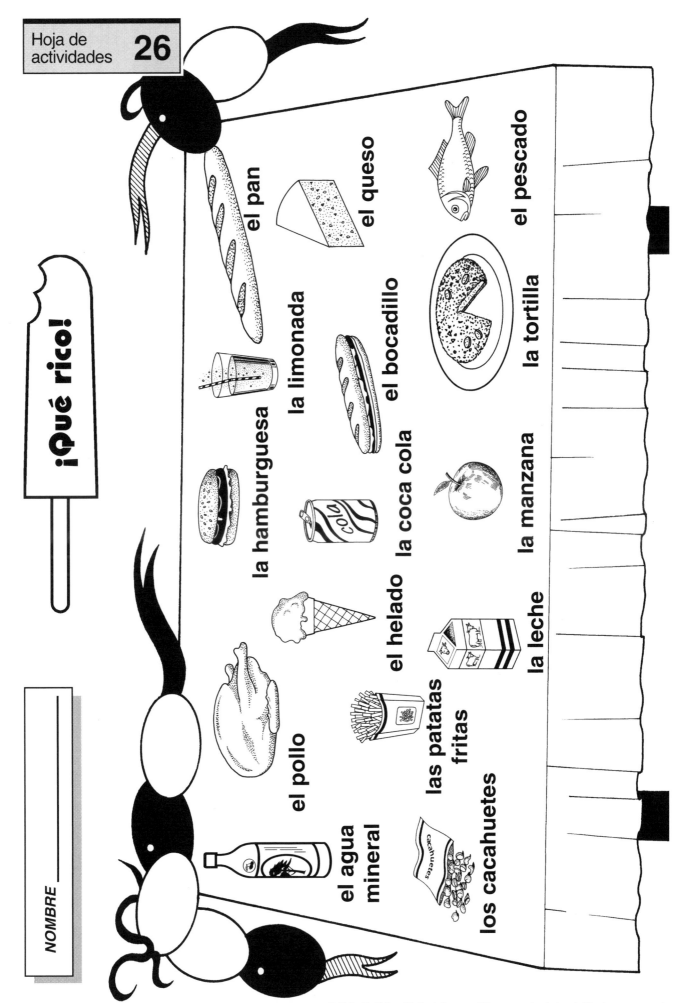

¡Qué rico!

el pan

el queso

el pescado

la limonada

el bocadillo

la tortilla

la hamburguesa

la coca cola

la manzana

el helado

la leche

el pollo

las patatas fritas

el agua mineral

los cacahuetes

NOMBRE _____

NOMBRE_____

Las cartas

la manzana		la hamburguesa	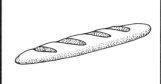
el agua mineral		el pescado	
el queso	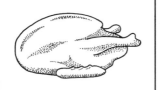	la coca cola	
la leche		los cacahuetes	
las patatas fritas		el pan	
el bocadillo	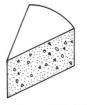	el helado	
el pollo		la limonada	

NOMBRE_____

¿Cuánto es?

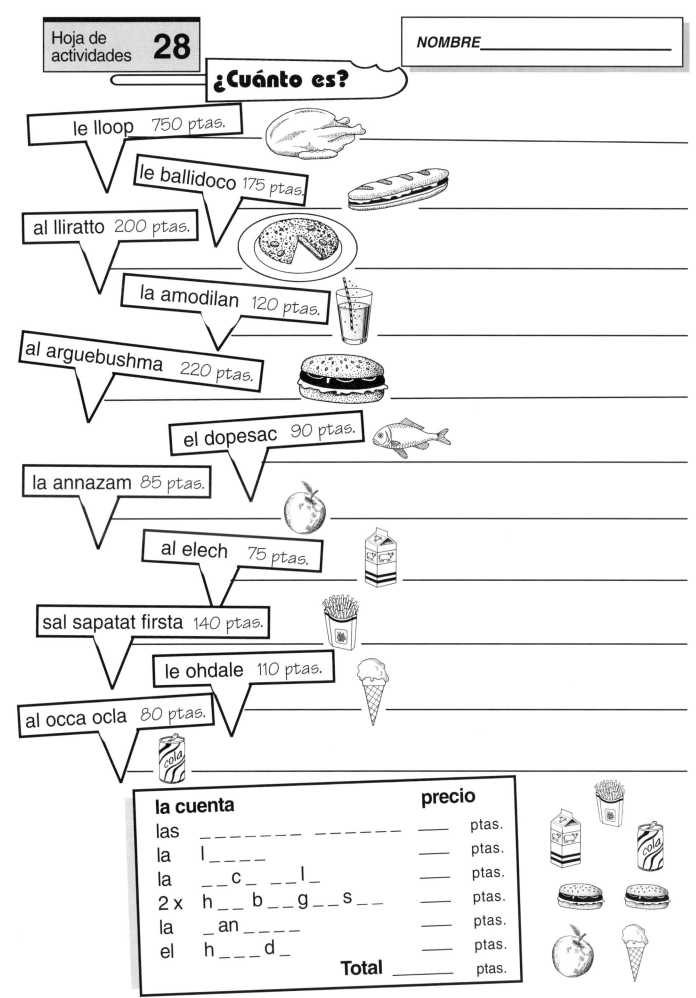

le lloop   750 ptas. _____

le ballidoco   175 ptas. _____

al lliratto   200 ptas. _____

la amodilan   120 ptas. _____

al arguebushma   220 ptas. _____

el dopesac   90 ptas. _____

la annazam   85 ptas. _____

al elech   75 ptas. _____

sal sapatat firsta   140 ptas. _____

le ohdale   110 ptas. _____

al occa ocla   80 ptas. _____

la cuenta		precio	
las	_ _ _ _ _ _ _ _ _ _ _ _ _ _ _ _	___	ptas.
la	l _ _ _ _ _	___	ptas.
la	_ _ c _ _ _ _ l _	___	ptas.
2 x	h _ _ b _ _ g _ _ s _ _	___	ptas.
la	_ an _ _ _ _ _	___	ptas.
el	h _ _ _ d _	___	ptas.
		Total _____	ptas.

NOMBRE_____

¡He comido ..... !

¿Cuántos hay?

3	bocadillos		barras de pan
	hamburguesas		helados
	coca colas		quesos
	pollos		tortillas
	manzanas		patatas fritas

NOMBRE_____

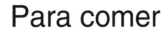

Una fiesta

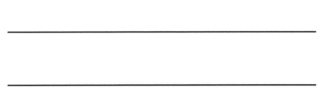

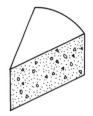

Para comer

_____

_____

_____

_____

_____

_____

Para beber

_____

_____

_____

_____

A elegir

1. El jamón viene ....

A   de la vaca.
B   de la oveja.
C   del cerdo.

2. Las frambuesas son ....

A   rojas.
B   verdes.
C   azules.

3. Los vegetarianos pueden comer ....

A   los cacahuetes.
B   el pescado.
C   el pollo.

4. Se hace la mermelada con ....

A   frutas y azúcar.
B   frutas y crema.
C   frutas y coca cola.

5. El manchego es ....

A   una fruta.
B   un queso.
C   una bebida.

6. La paella viene ....

A   de Irlanda.
B   de Italia.
C   de España.

7. Se hace el helado con ....

A   crema.
B   zumo de naranja.
C   patatas.

8. Las zarzamoras son ....

A   bocadillos.
B   frutas.
C   insectos.

9. Se come el pescado con ....

A   manzanas.
B   patatas fritas.
C   helado.

10. Se hacen las hamburguesas con ....

A   carne.
B   helado.
C   agua mineral.

NOMBRE_____

Los colores

amarillo

marrón

rosa

rojo

gris

negro

naranja

violeta

blanco

crema

oro

verde

plata

azul

Las cartas

azul		rojo	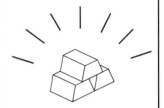
verde		marrón	
gris		naranja	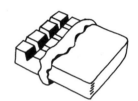
negro		amarillo	
violeta	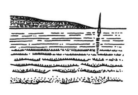	rosa	
blanco		oro	
plata		crema	

NOMBRE_____

¿De qué color es la pelota?

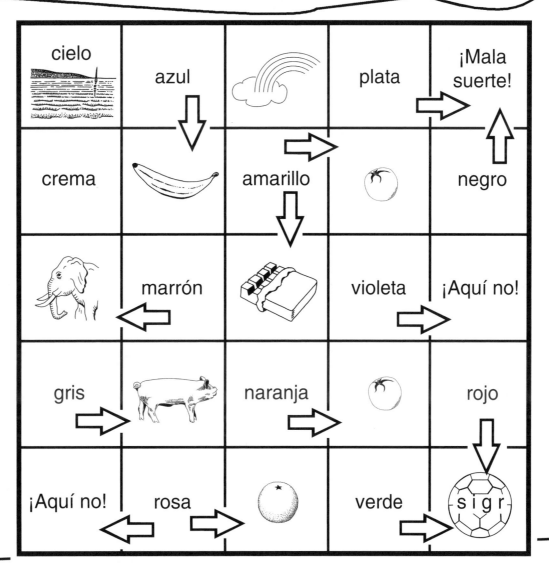

cielo	azul		plata	¡Mala suerte!
crema		amarillo		negro
	marrón		violeta	¡Aquí no!
gris		naranja		rojo
¡Aquí no!	rosa		verde	s i g r

¡Completa las frases!

1. El cielo es _____.

2. El plátano es _____.

3. El chocolate es _____.

4. El elefante es _____.

5. El cerdo es _____.

6. La naranja es _____.

7. El tomate es _____.

Y la pelota es _____.

¡Busca la palabra intrusa!

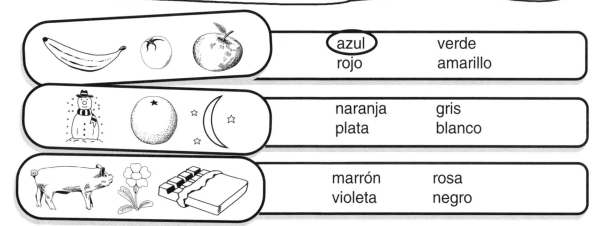

(azul)	verde
rojo	amarillo

naranja	gris
plata	blanco

marrón	rosa
violeta	negro

 rojo   amarillo   rojo   (verde)

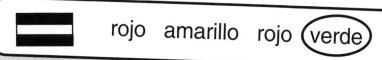 rojo   azul   amarillo   verde

 azul   marrón   naranja   verde

 rosa   negro   marrón   blanco

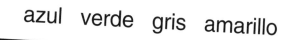 azul   verde   gris   amarillo

¡Colorea el arco iris!

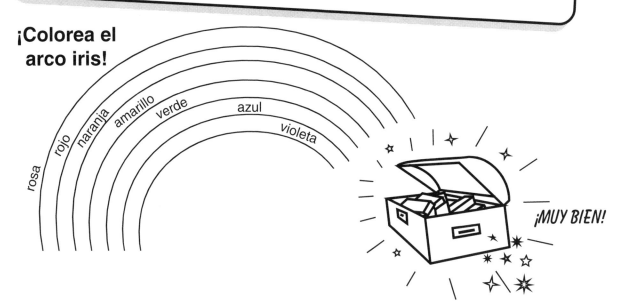

rosa   rojo   naranja   amarillo   verde   azul   violeta

¡MUY BIEN!

NOMBRE_____

¡Colores ¡antásticos!

¡Mariposas raras!

¡Busca cinco colores!

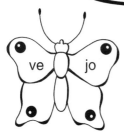
ve jo

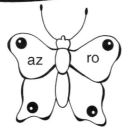
az ro

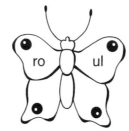
ro ul

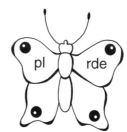
pl rde

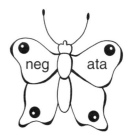
neg ata

1. _____   2. _____   3. _____   4. _____   5. _____

¿De qué color es?

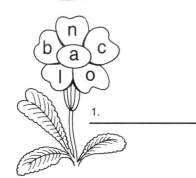
n
b a c
l o

1. _____

v
e n j a
d r
a e
n a

2. _____

3. _____

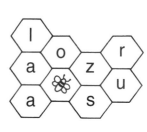
l
l a o z r
a s u
a

4. _____

5. _____

Frutas exóticas

 = _____

 = _____

 = _____

 = _____

 = _____

¿De qué color soy?

Mi primera está en blanco y en marrón.

Mi segunda está en crema y en azul.

Mi tercera está en gris y en verde.

Mi cuarta está en violeta y en amarillo.

Mi quinta está en negro pero no en plata.

Mi sexta está en rojo pero no en rosa.

Mi séptima es como mi segunda.

Soy una _ _ _ _ _ _ _.

¡Dibújame y coloréame!

¿De qué color soy? _ _ _ _ _ _ _.

¡Colorea y escribe las frases!

círculo   triángulo   cuadrado

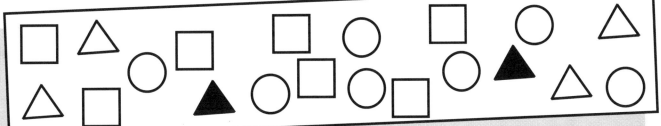

2 triángulos son negros. _____

_____

_____

NOMBRE _____

MI FAMILIA

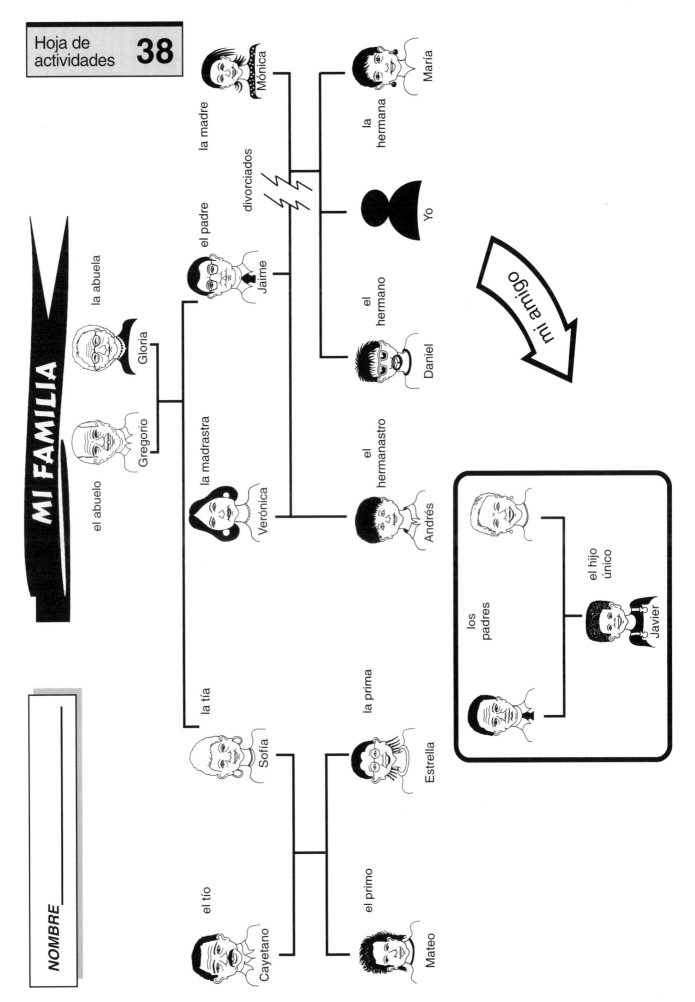

el abuelo — Gregorio
la abuela — Gloria

la madre — Mónica
el padre — Jaime
divorciados

la hermana — María
Yo
el hermano — Daniel

la madrastra — Verónica
el hermanastro — Andrés

la tía — Sofía
el tío — Cayetano

la prima — Estrella
el primo — Mateo

mi amigo

los padres
el hijo único — Javier

NOMBRE_____

LAS CARTAS

el hijo único	 Jaime	la prima	Cayetano
el padre	 Mónica	el tío	Sofía
la madre	 María	la tía	Gloria
la hermana	Daniel	la abuela	Gregorio
el hermano	 Andrés	el abuelo	Verónica
el hermanastro	 Mateo	la madrastra	
el primo	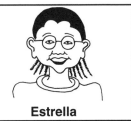 Estrella	los padres	 Javier

SOPA DE LETRAS

¡Busca la familia!

H	I	O	N	A	M	R	E	H	O
I	H	E	R	M	A	N	A	P	R
J	T	P	T	I	A	A	A	A	T
O	I	O	R	O	T	I	B	D	S
U	A	P	L	I	I	T	U	R	A
N	E	T	R	E	M	T	E	E	N
I	R	I	T	I	U	A	L	T	A
C	D	O	O	I	M	B	A	I	M
O	A	T	I	O	A	O	A	O	R
A	M	A	S	E	R	D	A	P	E
M	A	D	R	A	S	T	R	A	H

¿Cuántos tíos y tías hay?

¡RELLENA LAS CASILLAS!

Los padres

1. el padre

2.

Los abuelos

1.

2.

La familia

1.

2.

3.

4.

La familia de la hermana de mi padre

1.

2.

3.

4.

¿Quién es?

1. **Gregorio** _____ es mi tía / mi abuelo / mi madre.

2. _____ **Estrella** es mi hermano / mi prima / mi primo.

3. **Cayetano** _____ es mi padre / mi abuelo / mi tío.

4. _____ **Mónica** es mi abuela / mi hija / mi madre.

5. **Andrés** _____ es mi hermanastro / mi padre / mi hermana.

6. _____ **María** es mi hermano / mi madrastra / mi hermana.

NOMBRE _____

MI FAMILIA

_ _ _____

1. Daniel es [symbols] [symbols] _ _ _____

2. Mónica es [symbols] [symbols] _ _ _____

3. Sofía es [symbols] [symbols] _ _ _ _ _

4. Jaime es [symbols] [symbols] _ _ _____

5. Andrés es [symbols] [symbols] _ _ _____ _

6. Gregorio es [symbols] [symbols] _ _ _____

7. Estrella es [symbols] [symbols] _ _ _____

8. María es [symbols] [symbols] _ _ _____

9. Cayetano es [symbols] [symbols] _ _ _ _ _

10. Verónica es [symbols] [symbols] _ _ _____ _

Y el perro, ¿cómo se llama?   [symbols]   _ _ _ _ _ _ _ !

¿Qué letra es?

𝒢	■	◆	♎	♐	✳	☺	⧖	♑	☾	♓	❖	♪	♍	▲	♌	♒	♋	&
														R				

UNA CARTA

¡Hola!

Me llamo Daniel. Tengo doce años y vivo en Zaragoza. Aquí está

una foto de mi .

En mi  hay seis personas.

Tengo un y una . Mi se llama Jaime. Es alto.

Mi se llama Mónica.

Mis abuelos viven con nosotros.

¡Mi y mi son muy simpáticos!

Tengo un y un .

¡Me gustan los animales y la también!

¿Y tú? ¿Cuántas personas hay en tu familia?

¡Escríbeme una carta!

Un abrazo,

Daniel

EN CASA

NOMBRE

LA CASA

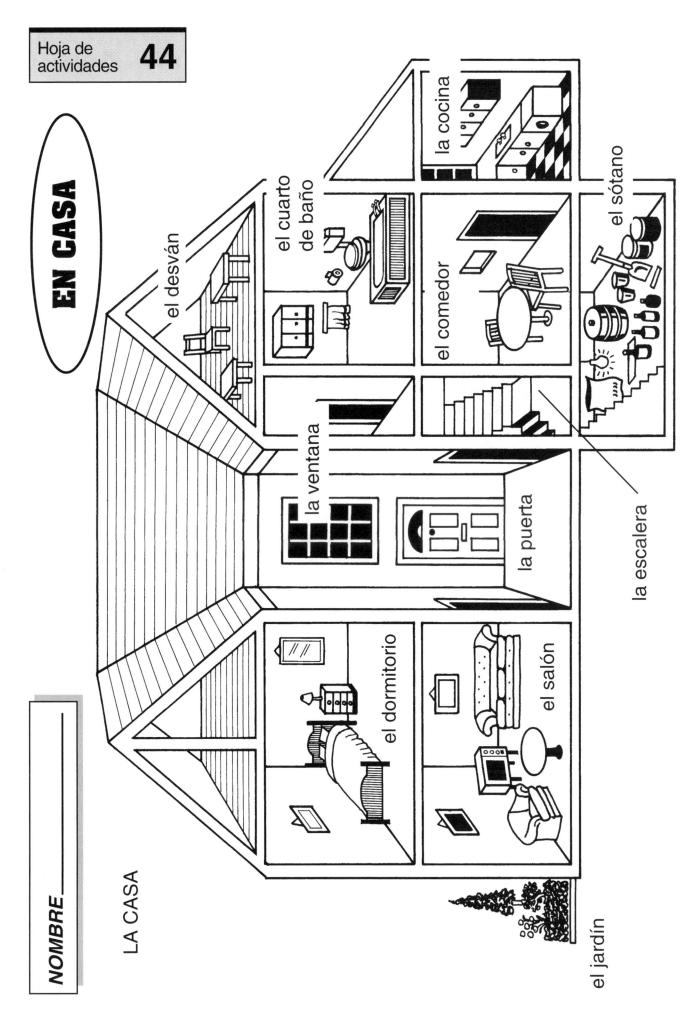

el desván

el cuarto
de baño

la cocina

el comedor

el sótano

la ventana

la puerta

la escalera

el dormitorio

el salón

el jardín

NOMBRE_____

LAS CARTAS

el sótano		el jardín	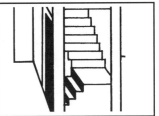
el dormitorio		el salón	
el comedor		la escalera	
el desván		la casa	
la puerta		la cocina	
la ventana		el cuarto de baño	

NOMBRE_____

¿QUÉ CUARTO ES?

dormi	lón
come	sa
co	tano
des	torio
sa	lera
esca	cina
só	ván
ca	dor

NOMBRE_____

¿DÓNDE ESTOY?

1. Veo la televisión.

2. Tomo el desayuno.

3. Duermo.

4. Busco un buen vino.

5. Preparo una comida.

6. Me ducho.

7. Voy al primer piso.

8. Miro las flores.

Estoy en ...

.. el dormitorio.

.. el jardín.

.. el comedor.

.. la cocina.

.. el sótano.

.. el cuarto de baño.

.. el salón.

.. la escalera.

¿Dónde está?

A.

S	Ó	T	A
T	O	R	N
I	O	I	O
M	R	O	D

B.

O	C	A	R
M	✴	R	E
E	D	O	L
E	S	C	A

C.

D	E	B	A
O	S	A	Ñ
T	A	C	O
R	A	U	C

1. _____

2. _____

1. _____

2. _____

1. _____

2. _____

NOMBRE_____

¿DÓNDE ESTÁ?

1 Es el

dormitorio. ✓

2

3

4

5

6

7

8

9

10

UNA CARTA

¡Hola!

Por fin hemos mudado de casa. Es estupenda la nueva  .

Hay un grande y la es roja.

En la planta baja hay un 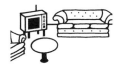 y un .

Hay también una grande.

En el vestíbulo hay una en lo alto de .

En el primer piso hay tres  y un  ,

¡pero en el   hay 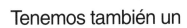 !

Tenemos también un  para el  .

Hay que ver la casa, pero no tengo más fotos.

Un abrazo,

Patricia

¡Diseña un plano de la casa!

NOTES

NOTES